Je dessine je peins

les crayons à la cire

Texte de Isidro Sánchez et Albert Rovira
Dessins de Vincenç Ballestar
Illustrations de Francesc Martíne
Adaptation française d'Étienne Le

Gründ

Les crayons à la cire

Une technique très picturale

La cire est une technique simple qui permet cependant d'obtenir des résultats très « picturaux ».

Par des exemples et des exercices, ce livre vous apprendra à mieux connaître les crayons à la cire et à les utiliser.

Votre désir d'apprendre à dessiner avec ce type de crayon sera bien vite récompensé : en effet, vous verrez qu'avec ces simples bâtonnets vos « mains d'artiste » parviendront à réaliser de véritables œuvres d'art.

Avec les crayons à la cire, vous pourrez dessiner des œuvres comme cette nature morte (ci-contre) et d'autres plus belles encore.

Les couleurs des crayons à la cire

Les couleurs des crayons à la cire sont opaques et très couvrantes, c'est-à-dire qu'elles recouvrent facilement le fond sur lequel elles ont été appliquées.

Comme elles sont en cire, elles fondent à la chaleur. La chaleur de la main de l'artiste suffit à les rendre molles.

Par leurs caractéristiques, elles offrent de multiples possibilités techniques :

- on peut les appliquer directement au bâtonnet, comme s'il s'agissait de crayons de couleurs, mais elles diffèrent de ces derniers par leur « mine » grossière et molle,
- on peut les superposer,
- on peut les mélanger sur du papier ou d'autres supports, comme vous le verrez par la suite, et estomper les couleurs sous la pression des doigts.

LES COULEURS DES CRAYONS À LA CIRE SONT OPAQUES

LES COULEURS DES CRAYONS À LA CIRE PEUVENT SE MÉLANGER ET S'ESTOMPER

LES COULEURS DES CRAYONS À LA CIRE PEUVENT SE SUPERPOSER

Telles sont les trois possibilités de base des crayons à la cire. Lorsqu'on les applique directement, les couleurs couvrent plus ou moins le papier selon la pression exercée sur le bâtonnet.

Le matériel...

Les crayons à la cire : une première approche

Les crayons à la cire sont fabriqués, essentiellement, avec des pigments et de la cire.

Chaque fabricant a sa « formule secrète », et tous les crayons ne se ressemblent pas.

Quelques marques se distinguent, par exemple, par l'état plus pâteux des couleurs, qui se ramollissent plus facilement que celles d'autres marques, mais les différences ne sont jamais très importantes.

Ces crayons, quelle que soit la marque, sont particulièrement recommandés pour apprendre à dessiner.

LES DOUZE COULEURS LES PLUS EMPLOYÉES

Les boîtes de douze crayons contiennent généralement ces couleurs :

1. *Blanc*
2. *Jaune clair*
3. *Jaune foncé*
4. *Ocre*
5. *Rouge*
6. *Carmin*
7. *Vert clair*
8. *Vert foncé*
9. *Bleu clair*
10. *Bleu foncé*
11. *Marron*
12. *Noir*

Ils se présentent sous forme de bâtonnets cylindriques de 10 mm de diamètre, que vous pouvez acheter dans les magasins spécialisés et les grandes surfaces en boîte de 6, 12 et 24 couleurs.

Cependant, toutes les marques proposent également des bâtonnets vendus à l'unité. Vous pouvez ainsi remplacer les couleurs au fur et à mesure de leur usure ou acquérir une couleur qui n'existe pas dans votre boîte.

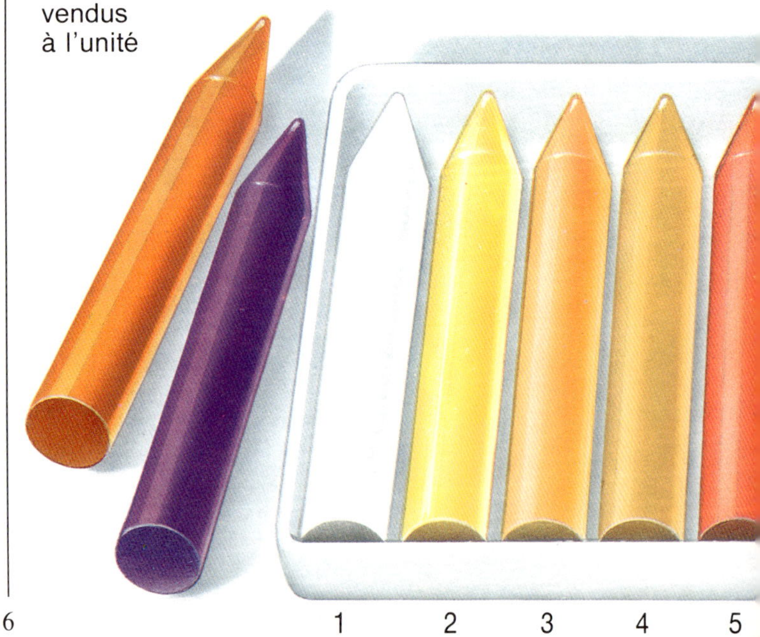

Quelles couleurs choisir ?

Une boîte comportant plusieurs couleurs a l'avantage d'offrir directement (sans nécessité de réaliser des mélanges) une gamme importante de tons : plusieurs jaunes, plusieurs verts, une variété de bleus, etc.

Mais une telle variété n'est absolument pas nécessaire pour commencer à dessiner. Comme vous le verrez aux pages 18 et 19, très peu de couleurs sont indispensables : en théorie trois seulement : le jaune, le rouge et le bleu, bien que dans la pratique, on ajoute généralement un carmin, un vert clair et un marron clair.

Surtout, n'oubliez pas que le blanc est indispensable pour dessiner à la cire !

6 7 8 9 10 11 12

Avec ces six couleurs et le blanc, vous pouvez dessiner n'importe quel sujet.

Le matériel...

Quel papier choisir ?

On nomme supports les surfaces sur lesquelles les peintres réalisent leurs œuvres.

Pour dessiner avec des crayons à la cire, le support le plus utilisé est le papier... Mais pas n'importe lequel !

Il faut tenir compte de la texture ou du grain, autrement dit de la plus ou moins grande rugosité de la surface du papier.

Le papier convenant le mieux à cette technique est le papier à grain fin ou moyen. Il est préférable de ne pas employer des papiers à gros grain : vous gâcheriez les couleurs et le résultat ne serait guère satisfaisant. Il est également déconseillé d'employer du papier satiné, à la surface totalement lisse, car la cire n'y accrocherait pas.

Vous pouvez acheter le papier en feuilles de 50 × 70 cm (que vous couperez à la taille voulue), ou sous forme de blocs à dessin.

Les papiers de couleurs conviennent très bien à cette technique. Ci-dessous, vous pouvez voir un bref échantillon de plusieurs teintes disponibles.

D'autres supports

Outre le papier, de nombreux autres supports conviennent au travail à la cire.

Les crayons à la cire adhèrent parfaitement à de nombreux types de cartons et bristols, pourvu qu'ils ne soient pas satinés. Il existe également des cartons qui, sans être de qualité, se révèlent de bons supports. Essayez-les !

Une planche de contreplaqué, bien polie au papier de verre, constitue un excellent support, tout comme l'aggloméré.

Vous trouverez également des blocs de tailles et qualités diverses parfaitement adaptés à cette technique. Le bloc se révèle plus pratique qu'une feuille pour réaliser des œuvres de petit et moyen format.

Le travail à la cire peut s'effectuer sur d'autres supports que le papier : bristols et cartons non satinés, planches préalablement polies, etc.

PLANCHE

CARTON

BRISTOL

Le matériel...

Le matériel annexe

Dans toutes les techniques de peinture, on utilise du matériel accessoire, sans lequel il serait difficile de travailler.

Avec les crayons à la cire, il vous faudra :

- une planche de bois de 40 × 60 cm, pour servir de support au papier et travailler avec aisance,
- des pinces métalliques pour fixer les feuilles de petite taille sur la planche,
- des punaises pour fixer des feuilles de plus grande taille,
- une gomme pour effacer les couleurs..., bien que, comme vous le verrez, cela est difficile,
- des crayons : un crayon à papier ordinaire pour esquisser le sujet sur du papier blanc et un crayon blanc pour dessiner sur du papier de couleur,
- un chiffon, que vous aurez toujours à portée de main pour nettoyer les bâtonnets salis par d'autres couleurs.

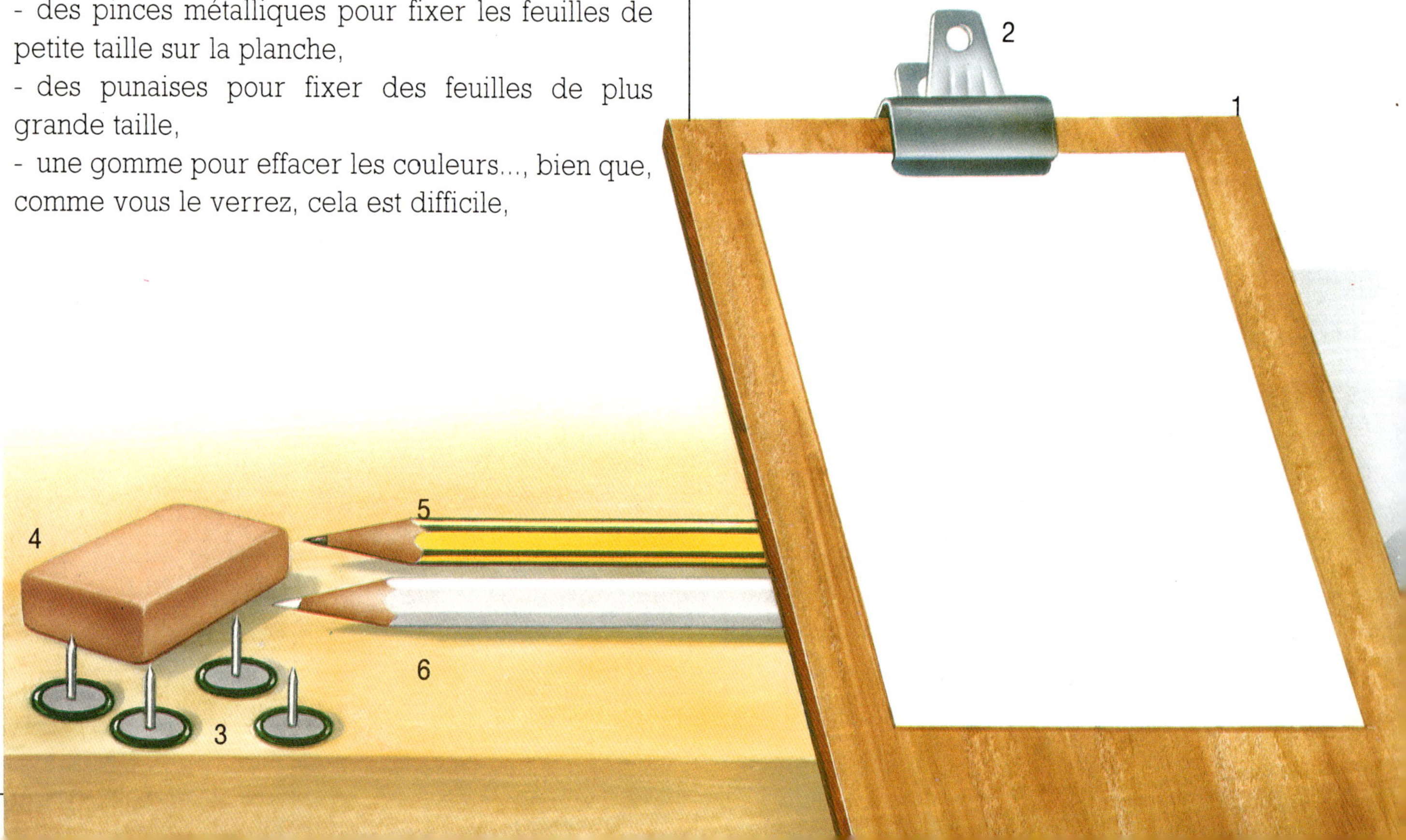

Si vous fixez votre feuille sur la planche avec des punaises, les coins du papier risquent de se déchirer. Pour éviter cela, employez un truc simple : placez un carré de bristol entre la punaise et la feuille, comme le montre l'illustration du haut de la page.

1. PLANCHE À DESSIN
2. PINCES MÉTALLIQUES
3. PUNAISES
4. GOMME
5. CRAYON À PAPIER
6. CRAYON BLANC
7. CHIFFON

LES CRAYONS À LA CIRE SE SALISSENT FACILEMENT AU CONTACT D'AUTRES COULEURS.

Comment gratter la couleur

Les crayons à la cire, une fois appliqués sur le support, ne peuvent jamais totalement s'effacer. On ne peut éliminer la couleur – en partie ! – qu'en grattant la couche de cire.

Le cutter est l'accessoire le plus approprié mais il doit être manipulé avec précaution.

D'autres accessoires à pointe dure – comme le capuchon d'un stylo, un cure-dents, le manche d'un pinceau, un couteau... – serviront à réaliser des sgraffites, l'une des techniques les plus caractéristiques du travail à la cire, que vous apprendrez dans les pages suivantes.

Ce cure-dents, ce capuchon de stylo et ce manche de pinceau ne sont que quelques-uns des multiples accessoires à pointe dure qui peuvent servir à réaliser des sgraffites.

La technique de base

Commencez maintenant à travailler avec les crayons à la cire en réalisant ces premiers exercices.

Vous commencerez par apprendre la technique dite de base, qui consiste à appliquer directement la couleur, en frottant les batônnets sur le papier de la même façon qu'avec des crayons de couleurs.

Vous vous apercevrez de la spécificité des crayons à la cire en appliquant la couleur avec force, et, lorsque vous aurez recouvert le papier d'une épaisse couche de couleur, vous obtiendrez des « taches » compactes et lumineuses, ce qui n'est guère possible avec des crayons de couleurs.

Comparée aux crayons de couleurs, que vous utilisez certainement souvent, la technique des crayons à la cire vous permettra d'obtenir des

1. Avec le crayon à papier, tracez un rectangle d'environ 4 × 14 cm. Coloriez légèrement une partie en bleu. Coloriez la zone inférieure en appuyant plus fort sur le bâtonnet. Pour la zone centrale, exercez une pression intermédiaire.

2. Répétez l'exercice précédent pour obtenir trois tons de bleu différents. Appliquez ensuite du jaune sur ces trois tonalités afin d'obtenir trois tons de vert.

avec des crayons à la cire

résultats plus « picturaux ». Mais en raison de ces caractéristiques, il est plus difficile aussi de conserver les traits d'un dessin ou de représenter des détails.

Mettez-vous à présent à l'ouvrage et réalisez les quatre exercices présentés ci-contre.

Les résultats différeront selon les techniques employées : en exerçant une pression différente sur le bâtonnet (1), en superposant une autre couleur (2), en effectuant un dégradé dans une seule couleur (3) ou en nuançant ce dégradé avec du blanc (4).

Vous ne réussirez certainement pas ces exercices du premier coup. Pratiquez-les jusqu'à ce que le résultat soit satisfaisant.

3. Tracez un autre rectangle et coloriez-le en rouge. Commencez par une extrémité et augmentez progressivement la pression exercée sur le bâtonnet, au fur et à mesure que vous approchez de l'autre extrémité.

4. Cet exercice est légèrement plus difficile : répétez l'exercice précédent. Puis superposez une couche de blanc sur le fond rouge, de façon à obtenir un dégradé évoluant du rose pâle au rouge intense.

Comment superposer des tons

Comme vous le savez très bien, les artistes obtiennent de nouvelles couleurs en mélangeant deux ou plusieurs couleurs.

Avec les crayons à la cire, les mélanges s'obtiennent en superposant des couleurs sur le support, en travaillant la matière soit par légers frottements, soit en pressant fortement une couleur sur une autre.

Si vous frottez légèrement, les mélanges que vous obtiendrez dépendront surtout du grain du papier. Sur du papier à gros grain, le blanc (ou la couleur) du papier transparaîtra beaucoup plus à travers les couches de cire.

En appuyant plus fort, vous verrez qu'une couleur se mélange aux autres et forme ainsi une couche de couleur unique et homogène. Les meilleurs résultats s'obtiennent avec des papiers un peu rugueux, à grain moyen.

Sur du papier à grain fin, composez un fond vert en frottant légèrement. Puis sur ce fond vert, appliquez du rouge, sans appuyer.

Recommencez mais sur du papier à gros grain. Observez l'effet produit par le grain du papier, que la couleur n'a pas recouvert.

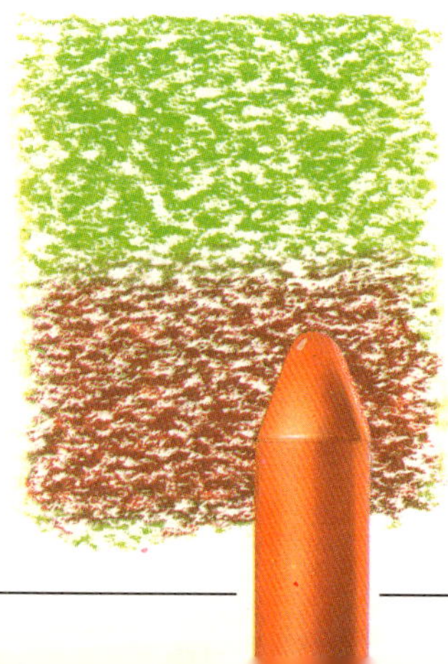

Essayez maintenant d'obtenir ce mélange en frottant avec énergie. Appliquez du carmin sur un fond bleu, en appuyant pour que les deux couleurs se mélangent.

Si vous superposez deux ou trois couleurs en appuyant fort, elles peuvent se mélanger entre elles. Mélanger plus de trois couleurs est très difficile.

Les papiers de couleurs offrent de multiples possibilités, et peuvent être choisis en harmonie avec le sujet représenté pour servir de fond. Comme vous pouvez le voir, selon que vous appuyez légèrement ou fort, la couleur du papier est plus ou moins recouverte.

Le papier de couleur

En travaillant sur du papier de couleur, les frottements légers donnent une autre perception de la couleur car la couleur de la cire et la couleur du papier se mélangent optiquement.

Mais si vous préférez que la couleur du papier influence moins le résultat final, appliquez la cire en appuyant ; ainsi, elle pénétrera le grain du papier et masquera davantage la couleur du fond.

Comment corriger

Lorsque vous appliquez et mélangez des couleurs, vous pouvez vous tromper. Et, comme nous l'avons dit, il n'y a qu'une seule chose à faire dans ce cas : gratter au cutter puis gommer.

En grattant légèrement et en gommant, vous obtiendrez une surface sur laquelle la nouvelle couleur accrochera parfaitement, masquant les restes de la couleur précédente, que vous vouliez effacer.

Il est toujours possible de réparer une erreur. Il suffit de gratter soigneusement la couleur au cutter, puis de gommer, même si la couleur ne disparaît pas totalement, et de recouvrir ensuite le papier avec la nouvelle couleur.

Comment estomper

L'estompage consiste à appliquer et à mélanger des couleurs en tirant parti de la qualité pâteuse qu'acquiert la cire lorsqu'on la frotte du bout des doigts.

Vous pouvez observer ci-contre quelques effets possibles de l'estompage. Souvenez-vous que les couleurs ne ramollissent pas toutes avec la même facilité et que cela dépend beaucoup de la marque.

Dans tous les cas, cette technique cherche, par frottement et pression d'un doigt sur deux couleurs superposées (ou juxtaposées), à ramollir et à faire fusionner de façon parfaite deux couleurs.

La maîtrise de l'estompage requiert une certaine pratique, comme vous pourrez vous en rendre compte lorsque vous commencerez à l'employer.

Mais vos efforts ne seront pas vains, car cette technique est l'un des grands « trucs » du travail à la cire !

Voici à droite deux applications de l'estompage. Dans le premier (sphère), l'estompage a été réalisé pour deux couleurs juxtaposées.

Dans le second exemple (cylindre), l'estompage a été employé pour mélanger deux couleurs superposées, en dégradant la plus foncée sur la plus claire.

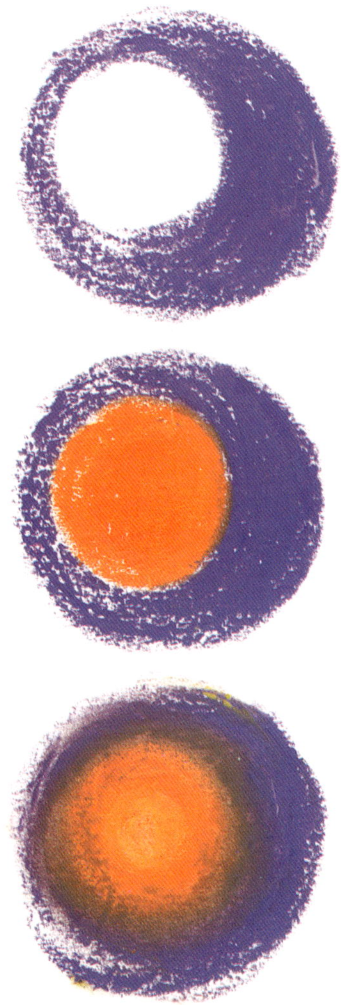

ESTOMPE
DE DEUX COULEURS
JUXTAPOSÉES

ESTOMPE
DE DEUX COULEURS
SUPERPOSÉES

Le sgraffite

La technique du sgraffite consiste à gratter la couche de cire, une fois appliquée, à l'aide du manche d'un pinceau, d'un capuchon de stylo ou de tout autre instrument à pointe dure (burin, piquoir...)

Le sgraffite peut être réalisé en rayant une seule couche de cire, pourvu que l'on réussisse à faire apparaître le blanc du papier et que l'on obtienne des traits et des sillons en négatif.

On peut également gratter une couche de couleur superposée sur une autre. Cette technique est beaucoup plus difficile, car si l'on manque de pratique, on risque de faire apparaître le blanc du papier au lieu de la couche du dessous.

Sur un fond jaune, superposez une couche de couleur différente

Puis rayez-la avec un capuchon de stylo, en appuyant suffisamment pour faire apparaître le fond jaune

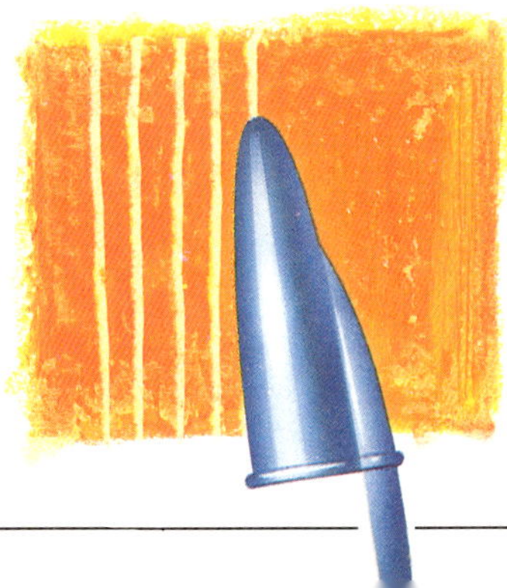

QUELQUES APPLICATIONS

Observez les différents résultats obtenus par sgraffite sur les faces latérales de ce cube.

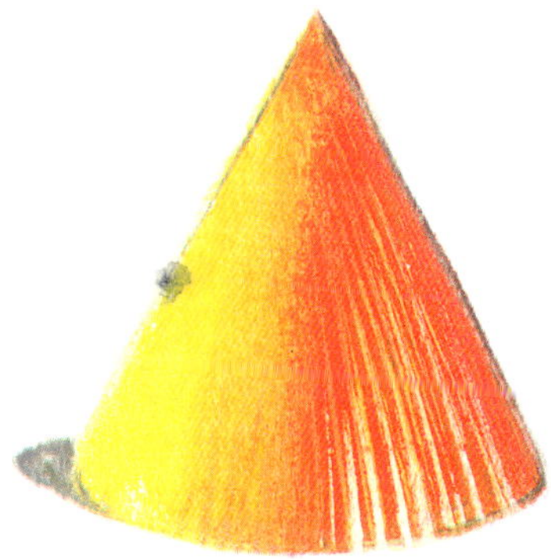

Sur ce cône, les traits de sgraffite – plus larges dans la zone inférieure – donnent de l'éclat à la surface.

Sur cette sphère, le sgraffite sert à accentuer l'éclat de la zone la plus éclairée, et par là même la sensation de volume.

La couleur

Les couleurs primaires

Dans toutes les boîtes de couleurs (quelle que soit la technique) on trouve toujours les trois couleurs suivantes : le jaune, le rouge et le bleu.

Ce sont les mêmes que vous trouverez dans votre boîte de bâtonnets de cire. Ces couleurs sont dites primaires, car on peut, grâce à elles, obtenir toutes les couleurs de la nature. Mélangez-les par paires, et vous obtiendrez du vert, de l'orange et du violet qui sont les couleurs secondaires.

Mélangez une couleur primaire avec une autre couleur secondaire et vous verrez qu'il est possible d'obtenir d'autres couleurs : le vert-jaune, le bleu-vert, le bleu-violet, le pourpre, le rouge orangé et le jaune orangé qui sont les couleurs tertiaires.

Faites des essais en appuyant légèrement puis plus fort.

Mélanger les couleurs

Pour la plupart de vos dessins, les couleurs de votre boîte de cires suffiront largement ; en d'autres occasions, vous pourrez vous amuser à les mélanger.

Faites de nombreux essais, en frottant ou en estompant à l'aide des doigts, en utilisant surtout les couleurs primaires.

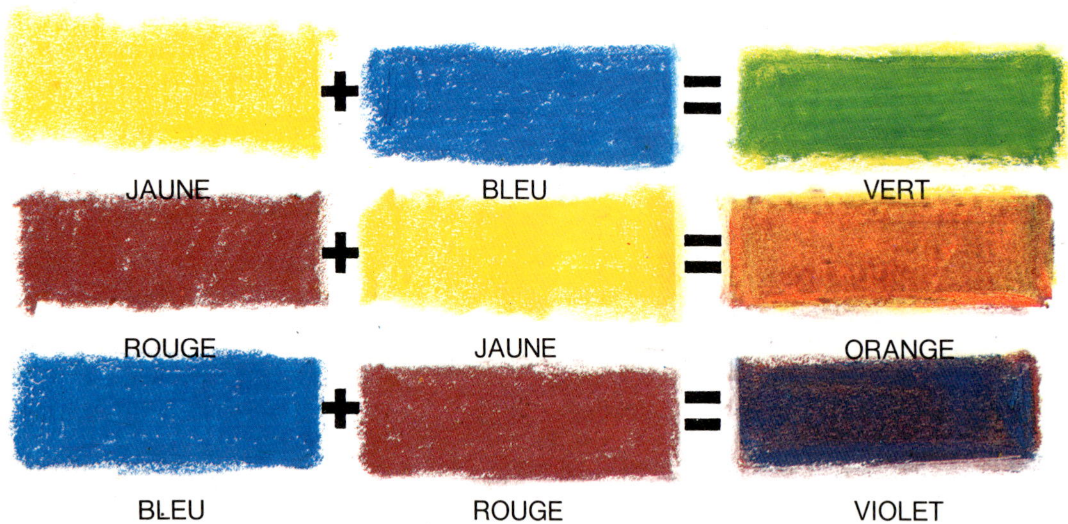

En mélangeant les trois couleurs primaires – jaune, rouge et bleu – deux à deux, vous obtiendrez les trois couleurs secondaires : vert, orange et violet.

La roue des couleurs

En formant un cercle où les trois couleurs primaires, les trois secondaires et les six tertiaires occupent une portion égale, on obtient la roue des couleurs, cercle chromatique de douze couleurs.

Les couleurs complémentaires sont celles qui se font face sur la roue – rouge/vert, jaune/violet, bleu/orange.

Disposées les unes à côté des autres sur un dessin, elles font ressortir les contrastes.

Sur le cercle, les flèches en continu signalent les couleurs primaires, celles en pointillé désignent les couleurs secondaires.

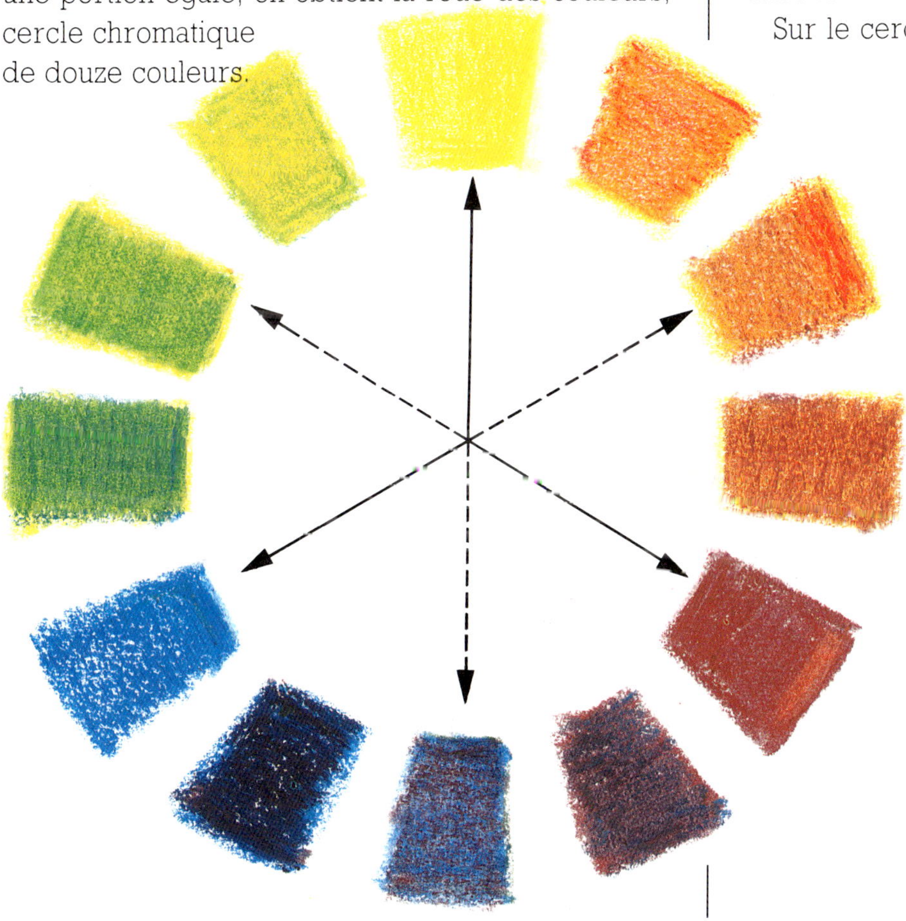

Les couleurs complémentaires sont celles qui présentent le plus fort contraste de couleur.

Mes premiers exercices...

Le dessin de cette simple fleur ne présentera certainement aucune difficulté pour vous.

Appliquez une première tache de couleur, en frottant doucement, le bâtonnet légèrement incliné.

Procédez de même avec la couleur verte, en faisant attention à ne pas déborder sur le jaune.

Terminez cet exercice en coloriant les surfaces plus réduites, à l'aide d'un bâtonnet bien taillé.

Dans cet exercice, vous pratiquerez la technique de l'estompe avec le doigt. Commencez par dessiner les contours du cactus.

Puis coloriez les zones d'ombre en vert foncé, sans dépasser les lignes au crayon.

Pour le reste du cactus, utilisez du vert clair, en veillant à ne pas mélanger les deux tons de vert.

Enfin, appliquez du jaune sous le vert clair, puis estompez avec le doigt jusqu'à ce que les deux couleurs fusionnent.

Vous pouvez réaliser ce dessin avec un crayon à papier ou directement avec un crayon à la cire.

Appliquez d'abord deux tons de jaune, en veillant à ce qu'ils ne se mélangent pas le long des contours du pied.

Suivez les contours du jaune clair avec le bâtonnet rouge, puis coloriez ensuite le reste.

Estompez le chapeau et le pied du champignon. Enfin, tracez les lamelles en carmin et l'herbe en vert.

Vous pouvez réaliser cet exercice ainsi que tous les autres à une échelle supérieure au modèle.

Coloriez le chat en jaune, en veillant bien à réserver ses yeux.

Dans les zones d'ombre, appliquez de l'ocre, en frottant doucement pour qu'il ne se mélange pas au jaune.

Estompez pour fondre les deux couleurs et ajoutez les rayures du pelage au bâtonnet marron foncé.

Mes premiers exercices...

Dessinez les contours, en suivant le modèle et en indiquant tous les détails nécessaires : l'œil, l'oreille, les narines, les doigts des pattes...

Puis en suivant le modèle, coloriez un fond très léger, avec le bâtonnet jaune maintenu un peu incliné sur le papier.

Procédez de même avec le crayon marron. Travaillez en frottant légèrement. Tenez le bâtonnet droit et tracez les traits dans une seule direction.

Enfin, estompez. Frottez du bout des doigts, sur toute la zone située entre les deux couleurs, pour qu'elles fusionnent.

avec des crayons à la cire

Dessinez avec le plus de détails possibles – le tronc, les branches, la forme du feuillage –, cela vous aidera pour colorier.

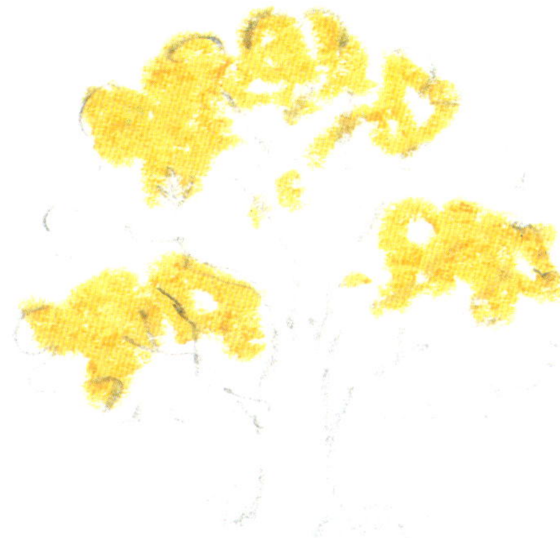

Apposez d'abord avec le bâtonnet jaune clair quelques taches de couleur sur le feuillage ; vous pouvez recouvrir les lignes au crayon.

Coloriez le tronc avec le bâtonnet jaune bien taillé. Puis, coloriez le reste en vert clair, sans vous soucier d'empiéter sur le jaune.

Ajoutez du vert foncé sur le feuillage puis estompez-le avec le doigt. Mélangez et estompez du marron foncé sur le tronc, suivez les contours des branches au carmin et coloriez l'herbe en vert clair.

Mes premiers exercices...

Dessinez en vous inspirant du modèle proposé. Cet exercice vous permettra de mettre en pratique la technique du sgraffite.

Coloriez les cheveux du clown avec le crayon jaune clair ; travaillez en frottant légèrement, et veillez à ne pas dépasser les lignes au crayon.

Tracez deux croix en bleu clair sur les yeux et coloriez le nez en rouge, en réservant le centre. Appliquez ensuite le rose, sans le mélanger au rouge.

Frottez très légèrement le visage du clown et appliquez ensuite du blanc. Estompez toutes les couleurs, délimitez les contours des cheveux et donnez-leur une texture par sgraffite.

avec des crayons à la cire

Dessinez le contour des arbres avec le bâtonnet vert clair ou avec un crayon à papier, sans trop appuyer. Vous délimiterez ainsi chaque zone de couleur.

Coloriez le feuillage de l'arbre du premier plan, avec le crayon vert, en exerçant une très légère pression. Procédez de même avec du bleu pour l'horizon.

Appliquez du bleu sur le feuillage de l'arbre du second plan, auquel vous superposerez quelques traits verts ; puis coloriez le pré en vert clair.

Ajoutez du vert foncé sur le feuillage des arbres, puis estompez du bout des doigts. Coloriez les troncs et les branches ; ajoutez du jaune au pré et estompez-le avec du vert.

Mes premiers exercices...

Vous pouvez maintenant mettre en pratique diverses techniques de travail à la cire, en suivant les exercices des pages suivantes étape par étape.

Mais avant de commencer, n'oubliez pas :

- d'avoir toujours à portée de main un chiffon, tant pour éliminer des bâtonnets les traces des autres couleurs que pour vous essuyer les doigts.
- d'éliminer de temps en temps les restes de pigment, en passant très légèrement une brosse sur le papier ou le support.

Comme vous le savez déjà, une des caractéristiques des crayons à la cire est la possibilité d'obtenir une couche de couleur très épaisse, ce qui n'est pas possible avec d'autres techniques, comme celle des crayons de couleurs. Ceci donne à la cire son aspect pictural, mais oblige aussi à porter un soin tout particulier dans l'exécution du travail.

Appliquez une première couche de couleur sur le

Voici un exercice simple qui vous permettra de pratiquer la technique de base, celle qui consiste à obtenir des tons et des teintes, en mélangeant directement les couleurs sur le support.

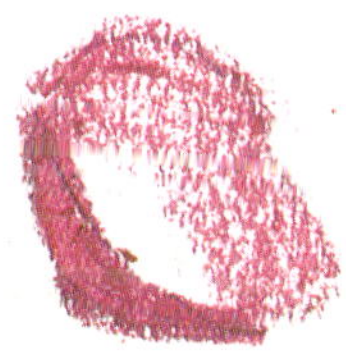

vase, en appuyant sur le bâtonnet légèrement incliné et en traçant les traits dans une seule direction.

Réservez le reflet.

Coloriez la partie inférieure des fleurs en tenant le crayon droit et la partie supérieure en tenant le crayon à plat, pour obtenir le tracé recherché. Pour les feuilles, suivez d'abord les contours puis coloriez l'intérieur.

Mes premiers exercices...

Au centre des fleurs, tracez d'abord le contour avec la pointe du crayon taillé et coloriez ensuite l'intérieur.

Coloriez à présent les tiges des fleurs, en appliquant tour à tour des traits courts et vigoureux en vert foncé et en vert clair.

Travaillez ensuite en frottant légèrement le fond jaune du vase. Procédez de la façon suivante : appliquez une première couche de couleur avec le crayon gris, puis superposez une autre couche de la même couleur, mais en orientant les traits dans une autre direction.

Fondez maintenant le dégradé entre le jaune et le gris du vase, en frottant légèrement avec du blanc.

Dessinez les ombres du vase et de la fleur à l'aide du crayon gris.

Tracez quelques traits en vert foncé sur les feuilles et coloriez les espaces qui restent entre les tiges en noir.

Enfin, appliquez du gris sur les contours de l'ouverture du vase.

Mes premiers exercices...

Dessinez avec un crayon à papier – si vous n'osez pas le faire directement à la cire – en représentant le plus de détails possibles.

De nombreux artistes dessinent directement avec un crayon à la cire, ils choisissent une couleur en harmonie avec la couleur prédominante de l'œuvre, car la graisse que contient la mine du crayon à papier ne permet pas une bonne adhésion du pigment. Quoi qu'il en soit, si vous utilisez un crayon de graduation moyenne (HB) et que vous ne gommez pas trop souvent, vous pouvez tout à fait employer un crayon à papier pour réaliser ces premiers exercices.

avec des crayons à la cire

Commencez par appliquer une première couche de couleur, en frottant légèrement le bâtonnet jaune clair ; puis coloriez les ailes en marron foncé.

Tracez le début de la queue avec le crayon vert foncé tenu bien vertical et utilisez ensuite du vert clair sur l'extrémité des plumes, en tenant le bâtonnet à plat.

Suivez les contours de la crête avec du rouge, en délimitant la forme puis en coloriant ensuite à l'intérieur.

Mes premiers exercices...

Mélangez à présent du rouge au marron des ailes, en appuyant fort. Puis estompez avec l'orange la zone intermédiaire entre le cou et les ailes. Coloriez les contours du bec en gris, puis ensuite l'intérieur en jaune.

Coloriez le fond en gris à l'aide d'un papier pour réserver la partie inférieure.

Poursuivez la mise en couleur : de l'ocre sur le cou et sur la partie inférieure des ailes et du jaune clair sur les pattes.

Tracez quelques traits en blanc à la naissance des plumes. Vous obtiendrez ainsi des brillants du meilleur effet.

Avec le carmin, faites les contours de la crête, puis tracez quelques traits sur le rouge ; ajoutez quelques touches de bleu foncé et coloriez les contours du bec. Avec le bâtonnet noir bien taillé, suivez le contour de l'œil et dessinez l'ombre du bec.

Coloriez les plumes en vert clair, en appuyant le bâtonnet à plat sur le papier pour obtenir des traces épaisses.

Dessinez enfin l'ombre du coq avec le bâtonnet gris à plat.

Mes premiers exercices...

Il est important de dessiner le contour de toutes les formes du paysage, afin d'appliquer ensuite la couleur avec plus de sécurité.

Pour ce paysage, vous appliquerez à nouveau la technique de base : vous obtiendrez ainsi des tons différents selon la pression que vous exercerez sur les crayons et vous mélangerez les couleurs directement.

Mais vous employerez également une autre technique : l'estompe avec le bout des doigts.

Dessinez le plus de détails possibles, sans trop appuyer sur le crayon.

Coloriez en bleu clair la zone du ciel, avec le

bâtonnet à plat et en exerçant une pression plus forte par endroits. Vous donnerez ainsi du volume aux nuages.

Coloriez ensuite en vert clair la partie supérieure du pré.

Tracez quelques traits verticaux en vert foncé sur la partie inférieure.

Appliquez le crayon à plat pour colorier les surfaces importantes, et tenez-le droit pour obtenir des tons intenses.

Mes premiers exercices...

À l'extrême gauche du pré, tracez des traits verticaux en jaune clair, puis ajoutez du vert clair, sans trop appuyer.

Coloriez la toile de tente en jaune clair, et en ocre l'ombre de l'entrée et la partie latérale inférieure.

Ajoutez aux arbres de brefs traits vert clair. Puis coloriez le fond de la montagne en gris, que vous blanchirez ensuite légèrement.

Appliquez du carmin sur l'entrée de la tente ; ajoutez quelques traits au bâtonnet noir et fondez les

Tracez entre les arbres quelques traits en carmin. Vous obtiendrez ainsi des contrastes de couleur intenses.

deux couleurs à l'aide du carmin. Ajoutez également quelques touches de couleur carmin sur les arbres.

Nuancez ensuite la montagne avec du gris et du blanc.

Puis apposez quelques touches vert foncé sur les arbres, en suivant avec précision les contours des branches.

Mes premiers exercices...

Nuancez à présent les différents tons de vert du pré, en frottant légèrement avec le bâtonnet jaune.

Tracez à l'ocre les plis de la toile de tente et coloriez les contours de l'entrée ; appliquez ensuite du carmin.

Coloriez le contour des troncs en marron foncé, et tracez quelques traits vert foncé sur les branches.

Puis donnez du brillant aux extrémités, en coloriant les contours des branches en vert clair.

Quelques touches de rouge contrasteront encore davantage sur le vert dominant.

Ajoutez un peu d'ocre sur le coin inférieur gauche

de la tente, en exerçant une légère pression sur le crayon.

Puis estompez cette couleur, et celles appliquées sur l'entrée de la tente.

Quelques touches finales et votre paysage sera terminé : tracez quelques traits vert foncé sur les branches, accentuez le carmin entre les arbres et nuancez le gris de la montagne en ajoutant un peu de blanc.

Mes premiers exercices...

Représentez le dessin ci-contre avec le plus de détails possibles.

Lorsque vous aurez peint cette nature morte, vous vous sentirez sans aucun doute fier de vos dons artistiques. Elle n'est pas trop difficile à réaliser et elle vous aidera à prendre conscience des possibilités picturales de la cire.

Vous vous servirez aussi bien de la technique de base que de celle de l'estompe et du sgraffite. Commencez par faire un dessin très précis, ainsi, par la suite, vous n'aurez qu'à vous préoccuper de la couleur.

Faites les contours de la chaussure en gris, puis ajoutez du vert foncé comme sur l'illustration.

Coloriez la moitié de la boîte en rouge et le reste en carmin ; pour l'ouverture de la boîte, prenez du bleu foncé.

Tracez en marron la forme de la raquette et ébauchez l'ombre en gris.

Coloriez le fond, en appuyant le bâtonnet à plat. Puis estompez au blanc la chaussure du second plan.

Mes premiers exercices...

Pour obtenir un effet d'ombre sur la balle de tennis, appliquez de l'ocre sur le jaune en frottant fort.

Appliquez à présent de l'ocre sur la partie inférieure de la balle de tennis, et estompez la couleur avec du vert clair sur la zone intermédiaire.

Coloriez les bandes de la chaussure en vert clair et les contours de la semelle en marron.

Puis tracez l'ombre, en frottant légèrement avec du gris.

Ajoutez quelques touches de marron sur la chaussure du second plan et coloriez les contours de la raquette en bleu clair.

Dessinez à présent le cordage de la raquette en gris. Appliquez la cire en traits brefs et discontinus.

Estompez ensuite le fond à droite ; puis estompez également le vert de la balle, jusqu'à ce qu'il fusionne totalement avec le jaune et l'ocre.

Faites l'ombre sur la table de la balle en gris et noir, puis estompez la couleur avec le doigt. Ajoutez ensuite du rouge aux ombres des deux balles.

Mes premiers exercices...

Grattez le côté gauche du cordage ; le résultat obtenu dépendra de l'épaisseur de la couche de cire.

Grattez également la chaussure et les balles de tennis.

Coloriez le manche de la raquette en marron, auquel vous ajouterez de l'ocre et quelques touches de rouge.

Enfin, dessinez quelques reflets avec le crayon blanc.

Mélangez le carmin au violet précédemment appliqué, en estompant les deux couleurs du bout des doigts.

Passez à nouveau du carmin sur la partie inférieure de la boîte, puis ajoutez du violet et encore une fois du carmin.

Estompez la cire du bout des doigts et appliquez une légère couche de rose.

Estompez maintenant l'ombre de la chaussure.

Pour finir, blanchissez toute la partie inférieure et renforcez l'ombre de la raquette avec de brefs traits gris.

Glossaire

Composition : situer tous les éléments du sujet de façon harmonieuse.

Couleurs chaudes : sur le cercle chromatique, du rouge au jaune (ces deux couleurs étant comprises).

Couleurs froides : sur le cercle chromatique, du vert au violet (ces deux couleurs étant comprises).

Couleurs opaques : couleurs épaisses et couvrantes caractéristiques de quelques techniques, comme la cire, la tempera ou la gouache. Elles permettent d'obtenir une épaisse couche de couleur.

Dégradé : passage progressif d'une tonalité foncée à une tonalité plus claire et inversement.

Esquisse : dessin ou peinture rapide déterminant la forme, la composition et la mise en valeur des ombres et lumières.

Estomper : appliquer la couleur à la cire en la frottant avec les doigts.

Gamme : ensemble des tons d'une couleur.

Harmoniser : situer les couleurs dans l'espace, de sorte qu'aucune ne détonne dans l'ensemble.

Mise en valeur : obtention des ombres et des lumières, par des dégradés de tons différents.

Pigment : substance colorante employée à la fabrication des couleurs.

Réserves : zones blanches ou de couleur claire obtenues par le blanc du papier et laissées nues.

Sgraffite : technique qui consiste à gratter la couleur pour faire apparaître le blanc du papier.

Ton : intensité d'une couleur, du plus clair au plus foncé.